RUINES ROMAI...

COMMUNICATION

DE

M. ARMAND NANCY

faite à la Société des Sciences, Lettres et Arts de Pau,
dans la Séance du 27 Novembre 1905.

PAU

IMPRIMERIE-STÉRÉOTYPIE GARET, RUE DES CORDELIERS, 11

J. EMPÉRAUGER, IMPRIMEUR

—

1906

LES
RUINES ROMAINES D'AFRIQUE

COMMUNICATION

DE

M. ARMAND NANCY

faite à la Société des Sciences, Lettres et Arts de Pau,
dans la Séance du 27 Novembre 1905.

PAU

IMPRIMERIE-STÉRÉOTYPIE GARET, RUE DES CORDELIERS, 11

J. EMPÉRAUGER, IMPRIMEUR

—

1906

LES
RUINES ROMAINES D'AFRIQUE

COMMUNICATION DE M. ARMAND NANCY.

Les Romains ont laissé d'impérissables traces de leur passage sur la terre d'Afrique. Les monuments qu'on y rencontre ne sont pas aussi bien conservés ni aussi importants que ceux que l'on voit encore de nos jours en Italie et dans l'ancienne Gaule. On n'y trouve pas un colysée comme à Rome, un théâtre complet comme celui d'Orange, ni des Arènes comme celles d'Arles ou de Nîmes. Néanmoins l'arc-de-triomphe de Trajan à Timgad, le frontispice de Dougga nous donnent une idée précise de l'importance de l'occupation romaine en Afrique. Contrairement aux Barbares qui, comme les Vandales, les Visigoths ou les Huns, passaient sur les populations comme un fléau, ne laissant derrière eux que ruines et désolation, les Romains fondaient des colonies durables. Ils cherchaient à s'implanter sur les territoires conquis, en y apportant leur civilisation et leurs mœurs. Ils bâtissaient des villes, des temples, des théâtres, en conservant religieusement leur style, qui rappelait l'art grec, dont il émane.

ALGER

Quand on arrive par mer en vue d'Alger, le panorama qui se déroule devant les yeux est admirable. On aperçoit, dominant les quais, un long boulevard bordé d'hôtels et de superbes maisons. C'est la partie moderne de cette ancienne capitale des Deys. La ville arabe est bâtie en amphithéâtre dont les rues étroites montent vers la Kasbah.

L'aspect de cette ville blanche, inondée de la lumière la plus pure, vous donne l'impression que vous allez aborder un monde nouveau.

Toute la région d'Alger fut soumise d'abord à Carthage, puis aux Romains après la chute de Carthage en l'an 146 avant J.-C.

Les ruines romaines découvertes sur le territoire d'Alger et des environs ont été réunies dans un Musée créé par la Municipalité à Mustapha, colline boisée et verdoyante, située à l'Est d'Alger et d'où l'on a une admirable vue sur toute la rade.

HIPPONE

D'Alger nous nous rendrons à Bône, pour y admirer les belles mosaïques qui ont été découvertes par un colon, M. Chevillot, dans sa propriété située à peu de distance de la ville.

La ville actuelle, construite sur l'emplacement de l'ancienne Hippone, la cité épiscopale de St-Augustin, n'a gardé que très peu de vestiges de l'occupation romaine.

A part les gigantesques citernes d'Adrien, qui servent aujourd'hui de réservoirs d'eau à la ville, on ne rencontre que de rares fragments de constructions.

La ville avait été entièrement détruite par les Vandales au vii° siècle. Sur les ruines de cette cité, si florissante au temps de St-Augustin, des villas se sont construites, des jardins ont fleuri. Les citronniers, les orangers, les grenadiers, les figuiers, répandent dans l'air leurs suaves parfums. C'est sur la colline qui domine la ville moderne et où devait s'étendre l'ancienne Hippone, que s'élève la belle basilique de St-Augustin.

Après le départ des Vandales, les Romains, puis les Byzantins reprirent possession de la ville qui a dû, alors, être reconstruite en partie sur les ruines de l'ancienne. Mais avec les siècles et l'occupation arabe, tout a de nouveau disparu.

Depuis l'occupation française, le port de Bône s'est rapidement développé. Le long du Cours National on a construit l'Hôtel de Ville, la Cathédrale, le Palais de Justice.

Ce que je désirais surtout voir à Bône, c'était les belles mosaïques découvertes dans la propriété Chevillot.

C'est en voulant creuser une cave dans son jardin que M. Chevillot mit au jour la première mosaïque. Elle représente le triomphe d'Amphitrite. Les archéologues, qui ont vu cette mosaïque sur place, supposent qu'elle appartient à la meilleure époque romaine, celle de Septime Sévère.

Il n'y a dans cette mosaïque que la partie centrale qui soit bien conservée. Les parties supérieures et inférieures ont été plus ou moins détériorées par le temps. La scène du centre représente Amphitrite à demi-couchée sur le dos d'une panthère à queue de poisson. La déesse, qui est nue jusqu'à la ceinture, et dont le cou est orné de deux colliers de couleur, offre de la main droite un gâteau à sa monture. La main gauche tient un tambourin qu'elle appuie sur ses genoux artistement drapés dans une étoffe de pourpre.

La tête a une jolie expression. Au-dessus d'elle flotte un voile vert et or que le vent semble gonfler. Ce voile paraît être retenu à la taille de la néréide par un lacet qui vient se nouer au-dessous des seins. Pour mettre cette mosaïque en valeur, M. Chevillot la mouille devant nous. La coloration de la chair de la femme, avec ses ombres, est si bien nuancée, la richesse et la fraîcheur de coloris des animaux et des ornements sont si bien conservés, qu'on serait porté à croire que la scène est peinte plutôt que produite par de petits cubes de marbre juxtaposés. J'ai visité au Musée du Bardo, à Tunis, les belles mosaïques trouvées sur différents points de l'Afrique, je n'en ai pas vu qui fût supérieure à celle de Bône. C'est un tableau artistique dont l'encadrement est une merveille ; c'est un festonnement régulier aux plus vives couleurs, qui se relie aux quatre coins du cadre à de larges feuilles d'acanthe ouvertes, admirables de dessin et de coloris. Dans la partie supérieure, qui est malheureusement très détériorée, on voit une autre déesse, dont la tête a disparu, et qui semble portée par deux centaures à queue de poisson, l'un rouge et l'autre vert. Celui de gauche se voit très distinctement et semble agiter un voile au-dessus de la tête de la déesse. Sur le fond de la mosaïque, qui est blanc strié de noir, s'agitent dans tous les sens des poissons et des monstres marins. Cette mosaïque mesure 5ᵐ 50 sur 3ᵐ 60 ; elle est elle-même encadrée par une autre formant parquet tout autour.

Tout à côté de cette mosaïque s'en trouve une de dessin très simple, qui figure une natte tressée blanc et rouge. Un peu plus loin, une mosaïque qui n'a pas trop souffert est formée de guéridons coquillés. Ses couleurs sont vives et bien conservées.

Dans une autre partie du jardin et plus près de la maison, M. Chevillot a trouvé une mosaïque très détériorée et qui, par son dessin, semblait appartenir à l'époque byzantine. En creusant plus profondément, il a rencontré une couche dure de ciment assez épaisse. Voulant se rendre compte de ce qu'il y avait sous cette couche de ciment, il en fit sauter, à grand peine, un morceau. C'est ainsi qu'il trouva, sous la première, une autre mosaïque des plus curieuses. A force de temps et de patience, M. Chevillot est arrivé à débarrasser cette mosaïque de son revêtement. Mais à cause de sa proximité des bâtiments, il n'a pu la dégager entièrement. On peut cependant se faire une idée de ce que pouvait être cette mosaïque, par la partie mise à jour.

Ce devait être une grande couronne faite de deux grosses tresses de feuilles de laurier, l'une rose et l'autre verte. Au point de tangence avec le carré qui encadre la couronne, ces deux tresses s'entrelacent pour se dérouler à l'intérieur de la mosaïque et former différents médaillons dont un assez grand au centre et, autour de celui-ci, huit autres dont quatre ronds et quatre ovales.

Dans le médaillon central est une figure en pied représentant Apollon. Il tient dans sa main droite une bande rouge sur laquelle se dessinent les signes du zodiaque. Du bras gauche, le dieu soutient une corne d'abondance remplie de fleurs.

Dans les médaillons ronds, se trouvent des têtes couronnées de fleurs, ou les masques de la comédie. Dans les médaillons ovales, sont des femmes en pied, peu vêtues, et portant chacune un instrument de musique. Ce sont, sans doute, les Muses qui présidaient aux Danses et à la Musique. Aux quatre coins formés par la couronne et le cadre sont dessinées de superbes feuilles d'acanthe. Cette mosaïque, une fois mouillée, donne l'illusion d'une peinture, tant les couleurs en sont vives et éclatantes.

Si l'on pouvait relever cette curieuse mosaïque et la faire

figurer dans un musée, elle ne déparerait pas celles qu'on admire au Bardo, à Tunis.

J'ai voulu avoir une explication de ce fait, que cette mosaïque avait été trouvée au-dessous d'une mosaïque byzantine. Voici celle qui m'a été fournie :

Au moment du siège d'Hippone par les Vandales, les habitants ont cherché à mettre à l'abri leurs œuvres d'art. Ils ont donc coulé sur leurs plus belles mosaïques une épaisse couche de pouzzolane. Lors de la reconstruction d'Hippone, quand les Vandales se furent retirés, les nouveaux propriétaires de la ville, ne soupçonnant pas ces trésors cachés sous cette épaisse couche de ciment, reconstruisirent leurs villas sur ce sol, qui leur paraissait ferme, et firent de nouvelles mosaïques.

Cette explication, qui n'est d'ailleurs bâtie que sur des suppositions, m'a paru assez plausible.

M. Chevillot a pratiqué de nombreux sondages dans son jardin. Partout il a rencontré des mosaïques ou des vestiges de constructions : des colonnes, des chapiteaux, un beau seuil en marbre, de 3ᵐ 80 de long sur 0ᵐ 70 de large et où l'on voit encore incrustés les deux gonds en bronze sur lesquels venaient se reposer les grandes portes d'une vaste pièce.

Derrière la maison d'habitation, le propriétaire a dégagé la base d'un monument de dimensions colossales. Cette construction remonterait à l'époque phénicienne, c'est-à-dire douze ou quinze siècles avant J.-C. C'est du moins l'avis de la Commission des Beaux-Arts, envoyée par le Ministre pour visiter cette découverte.

Ce qu'il y a de particulier, c'est la façon dont les blocs énormes de 3 et 4 mètres de long sur 1 mètre de large, sont superposés. Les assises sont disposées en escalier, avec saillie de 0ᵐ 40 et les blocs simplement posés les uns sur les autres, sans trace de ciment. La tranchée actuelle est profonde de 6 à 7 mètres et est remplie d'eau. La taille des blocs que l'on aperçoit à la base paraît plus soignée que celle des blocs supérieurs.

Devant un pareil monument on peut faire toutes les hypothèses. Se trouve-t-on en présence d'une construction égyptienne ? c'est ce que des fouilles et un travail méthodique de dégagement pourraient seuls nous dire.

Il serait à désirer que l'État prît en mains cet intéressant travail en indemnisant convenablement le propriétaire actuel qui a eu le mérite, avec ses seules ressources, de mettre au jour des trésors archéologiques inestimables.

On doit aussi signaler la découverte de poteries, de monnaies, de lampes, verreries, porte-parfums et flacons de toutes formes.

De notre visite à la propriété Chevillot, nous pouvons conclure qu'elle doit occuper l'emplacement d'une riche villa romaine. Peut-être suffirait-il de continuer les fouilles autour de cette villa, pour découvrir de nouvelles merveilles et pour faire revivre l'Hippone de St-Augustin.

TIMGAD

Pour arriver à Timgad ou Thamugadi, comme l'appelaient les Romains, on doit suivre la route qui va de Batna à Tébessa en passant par Lambèse. On s'arrête à cette dernière localité pour y visiter les ruines de l'ancien camp des Romains et les vestiges du " burgus " qu'ils y avaient construit au moment de la conquête. On retrouve à Lambèse les ruines qui se rencontrent si fréquemment en Afrique. Il n'y a rien de remarquable à signaler. C'est aujourd'hui une colonie pénitentiaire.

On pénètre dans Timgad, soit par la vallée de l'Oued, soit par le sommet de la colline et par l'arc-de-triomphe. Avant d'entrer dans la ville, on éprouve un étrange sentiment de surprise et d'étonnement à la vue de cet amas pittoresque de murailles et de cette forêt de colonnes dont les silhouettes semblent s'étendre à perte de vue.

L'arc-de-triomphe est l'édifice le mieux conservé des ruines et produit un très grand effet. Il m'a rappelé, par ses dimensions et sa structure celui de Septime Sévère que j'avais vu à Rome. Comme lui, il contient trois portes : celle du milieu par où passaient les chars, les deux autres, plus basses, pour les piétons. Sur la façade se trouvent quatre colonnes avec des chapiteaux corinthiens. L'entablement du côté extérieur est presque intact, celui, au contraire, de la façade qui regarde la ville, est en partie démoli.

Cet arc-de-triomphe et la ville elle-même ont été construits sous l'empereur Trajan, vers l'an 105 avant J.-C., ainsi qu'en témoigne une inscription que l'on a trouvée aux pieds de l'édifice.

Quand on a passé la porte de Trajan, on se trouve dans la rue principale de la ville. Cette rue est large et droite, dallée de grandes pierres posées obliquement par rapport à l'axe, sans doute pour éviter les cahots des chars. Je n'avais pas remarqué cette disposition des dalles dans les rues de Pompéi, qui sont d'ailleurs moins droites et moins larges que celles de Timgad et surtout plus creusées au passage des roues des chars.

Le long de cette voie se trouvent des colonnes que l'on a en partie relevées, les unes possédant leurs chapiteaux, les autres brisées à la moitié ou aux deux tiers de leur hauteur.

Je signale en passant deux fontaines aux margelles usées et les latrines publiques garnies d'une vingtaine de sièges. Un seul de ces sièges a été retrouvé en place. En continuant dans cette rue et vers le milieu, on arrive à l'entrée principale du Forum. On y accède en passant entre deux belles colonnes à chapiteaux corinthiens et en gravissant un escalier de dix marches. Le Forum, qui paraît petit, devait être encombré de statues, si on en juge par celles qui y ont été retrouvées, et par les vestiges de celles qui ont été détruites. Il était bordé d'un trottoir avec un portique dont on a retrouvé et relevé la plupart des colonnes. A l'Est du Forum se trouve une basilique, à l'Ouest une grande salle carrée à laquelle on monte par quatre marches. L'entrée est ornée de deux belles colonnes cannelées. Dans cette salle s'élevait, paraît-il, une statue dédiée à la Concorde. Gaston Boissier, qui a fait une si savante description des ruines de Timgad dans son beau livre *L'Afrique Romaine*, prétend qu' « une pareille statue ne se comprend guère qu'à » l'endroit où les décurions (c'est-à-dire le Conseil municipal) se » réunissaient pour délibérer. Nulle part il ne convenait mieux » de prêcher la concorde ».

C'était donc la Curie, ou ce que nous appelons aujourd'hui l'Hôtel-de-Ville.

En continuant notre promenade, nous arrivons au théâtre, qui n'est séparé du Forum que par une large rue.

Comme à Dougga, le théâtre est adossé à une colline ; ce qui permettait d'établir solidement les gradins sur le roc. Mais le théâtre de Dougga est beaucoup plus complet et beaucoup mieux conservé que celui-ci. Ici, la scène a complétement disparu et, de la façade, il ne reste que le soubassement et des débris de colonnes qui devaient soutenir un portique où les spectateurs se promenaient sans doute pendant les entr'actes. Le pulpitum, ou plancher de bois de la scène, devait s'appuyer sur trois rangées de dés de pierre qui existent encore.

Dans les rues transversales, coupant la rue principale à angle droit, on rencontre des maisons particulières, des boutiques séparées les unes des autres par un mur. Une d'elles a encore sa dalle scellée dans le mur et qui servait d'étal pour la marchandise.

Si on repasse sous l'arc-de-triomphe, on trouve à sa gauche un édifice en forme de rectangle dont la cour intérieure est ornée d'une fontaine ; c'est le marché. Cet édifice, comme beaucoup de monuments des villes romaines d'Afrique, est dû à la munificence d'un citoyen riche ou honoré de fonctions publiques par ses concitoyens. Autour du marché s'élevaient des portiques où étaient alignées les boutiques dont on distingue encore les traces. Quant au Capitole, qui se trouvait derrière le marché, il n'en reste plus rien ; c'est un amas de ruines.

Je n'ai plus à signaler que le fort byzantin situé à quelque distance de la ville, du côté du Sud. Il fut construit sous Justinien, en 534 de notre ère, après que les Vandales furent expulsés de l'Afrique romaine par les armées de l'Empereur d'Orient. Ce qu'il y a de remarquable, c'est que cette forteresse fut en partie construite avec les débris des monuments anciens, des chapiteaux, des fûts de colonne, des frises, etc.

L'occupation de l'Afrique du Nord par Bélisaire et les autres généraux de Justinien, ne laissa que peu de traces de la civilisation byzantine. Les Empereurs d'Orient cherchèrent d'abord à consolider leur conquête en construisant des forteresses avec les débris des monuments que les Vandales avaient en grande partie détruits. Voilà sans doute pourquoi on trouve en Afrique peu de monuments byzantins.

DOUGGA

Dougga ou Thugga, comme l'appelaient les Romains, est située à 6 kilomètres de Théboursouk. Ce fut d'abord une ville berbère et punique. Elle fut plus tard remplacée par une ville romaine. Les inscriptions libyques sont assez rares ; on voit cependant le mausolée d'un prince numide qui portait une double épitaphe, libyque et punique. Mais on y trouve en très grand nombre les vestiges des monuments romains comme il s'en rencontre dans toutes les ruines d'Afrique : arcs-de-triomphe, temples, cirques, théâtres, etc.

Le plus célèbre des monuments de Dougga est le temple bâti sous l'empereur Marc-Aurèle, et consacré aux trois divinités : Jupiter, Junon et Minerve. C'était le Capitole. Cet édifice est, sans contredit, un des plus élégants de l'Afrique romaine. Son fronton, porté sur quatre colonnes Corinthiennes, se détache dans le ciel et couronne la colline comme un diadème. Le soir, aux feux du soleil couchant, lorsque ce portique est baigné de lumière, c'est un spectacle de toute beauté. On en ressent une impression que l'on ne peut rendre par des mots. C'est surtout l'admirable patine du soleil et du temps sur ces pierres vieilles de plus de dix siècles qui est surprenante.

En descendant du Capitole, on trouve, sur la gauche, les restes d'un temple dédié à Saturne et d'un autre consacré à Junon Célestis. Guidés par M. Poinsot, élève des Beaux-Arts, délégué depuis quelques années par l'Académie des Inscriptions pour diriger les fouilles, nous arrivons au théâtre.

Ce théâtre, qui a été découvert et déblayé par un médecin militaire, le D' Carton, est presque intact. Il est adossé à la colline sur laquelle est bâtie la ville. Tous les gradins en sont admirablement conservés, sans doute parce qu'ils reposaient directement sur le roc.

Le théâtre de Dougga est beaucoup mieux conservé que celui de Timgad. De l'orchestre au sommet, il y a vingt-cinq rangées de gradins. On parvenait à ces gradins par un portique qui domine la colline, et des deux côtés de l'orchestre par deux couloirs voûtés. La scène s'élève d'environ 1 mètre au-dessus de l'orchestre. Le petit mur qui l'en sépare est en hémicycle et contient une série de niches alternativement arrondies et carrées. M. Poinsot suppose que les niches arrondies étaient destinées à de petits autels, tandis que les niches carrées servaient à faire communiquer la scène avec l'orchestre. On voit d'ailleurs encore, dans ces dernières, la trace des marches. Le plancher de la scène, ou pulpitum, était couvert par une mosaïque commune.

La scène, elle-même, est fort étroite, comme dans le théâtre de Timgad et dans presque tous les théâtres antiques. A Dougga, le fond n'était pas rectiligne, on y voit encore des enfoncements, ou niches, assez profonds, ayant une ouverture qui communique avec l'arrière-scène. Le long du mur règne une petite plate-forme sur laquelle sont dressées des colonnes hautes de 5 mètres. Quelques-unes de ces colonnes sont encore debout. On a trouvé près des niches une statue assise, de près de 2 mètres de hauteur. Le D' Carton suppose que deux statues semblables surmontaient les colonnes qui flanquaient les portes et en formaient le couronnement.

Au devant du théâtre se trouve une colonnade qui formait portique et servait de promenoir aux spectateurs pendant les entr'actes. A en juger par l'importance des ruines découvertes jusqu'ici, on serait en droit de supposer qu'avec des fouilles intelligentes et bien dirigées, on trouverait des monuments aussi curieux que ceux de Timgad.

CARTHAGE

Carthage a été une des premières colonies fondées par les Phéniciens en Afrique.

Après avoir étonné le monde par sa grandeur et fait trembler Rome par sa puissance, cette ville a complètement disparu. Il n'en reste, pour ainsi dire, que l'emplacement. Les Romains qui s'étaient juré de la détruire — *delenda est Carthago* — le jour où ils parviendraient à l'abattre, ont bien tenu leur serment.

La ville qui se trouve aujourd'hui à une faible distance de la mer, près du lac de Tunis, avait été construite sur une colline qu'on appelle Byrsa. C'était une situation magnifique, d'où l'œil embrasse un horizon d'une beauté incomparable.

Dans les fouilles qu'on a entreprises pour retrouver la vieille Carthage, on n'a découvert que des débris de monuments. Cependant, on doit signaler les curieuses découvertes du Père Delâttre, chapelain de la chapelle St-Louis.

Ce savant Père blanc, qui s'est pris d'une véritable passion pour les découvertes archéologiques de Carthage, a mis au jour des tombes puniques, qui étaient profondément enfouies dans le sol. Dans ces tombes se trouvaient encore les restes des Carthaginois qui y avaient été ensevelis il y a deux mille ans, et, autour d'eux, des objets de parure, des bagues, des colliers, des pendants d'oreille, des vases de toute espèce et de toute forme.

Une des plus curieuses découvertes que l'on ait faites est celle qui est due à M. Paul Gaückler, directeur des antiquités de la Tunisie. Ce sont trois statues découvertes dans une grande salle située au-dessous d'une mosaïque qui n'avait été placée là que pour en dissimuler l'existence. Voici la description qu'en fait M. Gaückler : « Elles sont, dit-il, ciselées avec un art raffiné, » dans un marbre aux tons dorés, d'un grain très fin ; de très » légères touches de peinture, faisant discrètement ressortir les » traits caractéristiques de la sculpture, animent la froideur de » la pierre et donnent l'illusion de la vie. »

On a encore trouvé des petites stèles de pierre dédiées à la déesse Tanit, la grande divinité carthaginoise.

L'ancienne chapelle de St-Louis, bâtie par Louis-Philippe sur un terrain qui lui avait été concédé par le Bey de Tunis, est aujourd'hui abandonnée ; mais le jardin qui l'entoure est un véritable musée. On y a réuni des sarcophages, des statues mutilées et des centaines de petits coffres de pierre d'environ 50 centimètres de longueur, terminés par un fronton en pointe. Leur forme rappelle les tombes que l'on rencontre encore aujourd'hui dans les cimetières musulmans. Avant de pénétrer dans le Musée St-Louis, créé par le Cardinal Lavigerie, nous remarquons deux statues colossales de 3 mètres de hauteur, représentant l'une la Victoire, l'autre l'Abondance.

Le Père blanc qui nous sert de guide, en l'absence du Père

Delâttre, nous dit que ces statues, qui avaient été trouvées brisées en centaines de morceaux, ont été reconstituées par un des Pères du couvent, qui a mis plusieurs années pour achever son œuvre. Nous visitons en détail les vitrines du Musée où se trouvent réunis les objets les plus divers des époques punique, romaine et chrétienne.

Dans des sarcophages de pierre, recouverts d'une glace, on voit des corps de Carthaginois ensevelis dans une épaisse couche de résine. Mais dans les tombes récemment découvertes, les ossements qu'on a retrouvés n'ont pu être conservés et tombaient en poussière, au toucher. Après avoir parcouru les salles du Musée et les grandes salles de réception décorées d'immenses tableaux d'un anachronisme plutôt comique (l'un d'eux représente Mgr Lavigerie entouré de ses Pères blancs, bénissant St-Louis sur son lit de mort), nous remontons à la pointe de la colline de Byrsa. On a, de là, sur le lac de Tunis et sur la mer une vue merveilleuse dont on ne peut se détacher. C'est en contemplant ce sublime horizon que l'esprit est assailli par les évocations du passé. On revoit Carthage, non pas telle qu'elle est aujourd'hui, mais telle qu'elle a dû être au moment de sa grandeur et de sa puissance. Depuis la légende de sa fondation par Didon, due à la prestigieuse imagination de Virgile, dans l'Enéide, jusqu'à ses luttes contre Rome et sa destruction par Scipion, toute l'histoire de Carthage se déroule dans l'esprit avec une étonnante netteté en présence de ces ruines et de cet horizon grandiose.